PRIFEIRDD CYMRU

Llŷn ac Eifionydd

Holwr: **Twm Morys**

Ffotograffydd: **Emyr Young**

CYFLWYNIAD

Tamaid i aros pryd yw'r gyfrol fechan hon! Ynddi mae portread llun a llais o dri Phrifardd sydd â chysylltiadau ag ardal y Brifwyl eleni, sef ardal Llŷn ac Eifionydd.

Peth tebyg i hyn a ddywedodd Cybi, neu Robert Evans, y bardd a'r llenor a'r postman o Langybi: 'Yn anad un fro yng Nghymru, nid yw hon yn ddi-nod am ei beirdd! Pa beth sydd i'w gyfri am hynny, mae'n anodd gwybod i sicrwydd. Dywedir fod gan amgylchoedd ddylanwad lled fawr ar feddwl ac ysbryd dyn. A chaniatáu fod graddau o wir yn hynny, ni ryfeddwn at feirdd lluosog ac enwog Llŷn ac Eifionydd – Ardal y Cewri!'

Bu dau o'r tri yn ddisgyblion yn yr un ysgol, sef ysgol ryfeddol Botwnnog, sy'n dal yn feithrinfa nodedig i feirdd ac awduron ifanc. Mae dau o'r tri wedi magu teulu yn yr ardal; aeth y trydydd ymhell o'r fro. Mae un o'r tri ymhlith y cynganeddwyr disgleiriaf o dan haul a lleuad Duw; beirdd rhydd ydi'r ddau arall yn bennaf. Ond er mor wahanol ydi lleisiau'r tri, ac er mor wahanol eu deunydd, mae un thema sy'n gyffredin yn y cerddi a enillodd iddynt goronau a chadeiriau: perthyn.

Bydd y tri hyn yn ymuno â phedwar ar hugain o Brifeirdd eraill yn y gyfrol swmpus sy ar y gweill.

TM

'r oedd gan fy nhad ddiddordeb mawr mewn pobol a'r gallu i wrando arnynt. Rwy'n credu i mi etifeddu ei ddawn ac mae'r ddawn wedi chwarae rhan bwysig yn fy ngyrfa fel ffotograffydd. Hanfod portread da, am wn i, yw deall hanfod y person. Felly mae'r sgwrs cyn tynnu llun o berson, ac wrth ei dynnu, yn allweddol. Y mae'r sgwrs yn bwysicach bron na'r llun.

Rwy'n tynnu lluniau o bobol rwy'n eu caru ac yn eu hedmygu, a heb os, does dim tirlun gwell 'na thirlun wyneb, ac mae rhywbeth amgen mewn llygaid bardd. Ymhen can mlynedd, rwy'n gobeithio, bydd lluniau'r prifeirdd yn y gyfrol yn destament ohonynt fel pobol a bodau dynol gwareiddiedig.

EY

GUTO DAFYDD

Coron Sir Gâr, 2014
am ddilyniant o 10 o gerddi, 'Tyfu'. (*Golygfa 10.*)

Coron Sir Conwy, 2019
a, ddilyniant o gerddi, 'Cilfachau'. (*Saer Nef.*)

Mewn cilfach yng nghanol y llyfrau yn y stafell fyw ym Mhen Lôn Llŷn ym Mhwllheli mae dwy goron Guto. Maen nhw wedi eu gosod o boptu llun o'r Prifardd a'i wraig, Lisa, a'r plant yn eu gwisgoedd Gŵyl Ddewi i gyd yn gwenu fel giatiau...

Ychydig o Brifeirdd yn ein hamser ni sydd yn byw ac yn magu teulu yn yr ardal lle'u magwyd nhw. Rwyt ti yn un!
Yndw. Dw i'n byw yn fan hyn ryw 9 milltir o lle ces i fy magu yn Nhrefor. Talarfor yn y stryd i ddechrau, ac wedyn symud i dyddyn y teulu yn Tir Du. Ac roedd Trefor yn fagwraeth arbennig. Roedd gen ti'r mynydd a'r môr. Roedd gen ti ddiwydiant y chwarel. Roedd gen ti gymdeithas ofnadwy o gry ac o gynnes. A'r capel. Roedd hynny yn golygu fy mod i'n cael lot fawr o'r profiadau Cymraeg clasurol. Trio gwneud synnwyr o'r fagwraeth yna mae pob dim dw i wedi'i sgwennu, a thrio dod i delerau efo'r ffaith bod 'na newid yn y pethau roedd y math yna o gymdeithas wedi ei seilio arnyn nhw. Dydi diwydiant a llafur caled ddim yn gymaint rhan o fywydau llawer ohonan ni bellach. Mae sut rydan ni'n meddwl am grefydd ac ati wedi newid. Ond mae 'na rai pethau sy'n aros yn gyson hefyd, sef yr angen sy gynnon ni i fod yn glòs yn ein gilydd, a phwysigrwydd clymau teulu a chlymau cymuned i'n lles ni.

Mi fasai'r fagwraeth yna wedi gallu bod yn fan cychwyn i bob mathau o wahanol lwybrau, fel petai. Yn dy achos di, man cychwyn iti ddod yn fardd oedd hi.
Wel, ie, ond erbyn hyn dw i ddim yn meddwl fy mod i'n gwneud job dda iawn o fyw bywyd bardd, neu o chwarae rôl gymdeithasol y bardd, yn yr ystyr nad ydw i ddim yn berson cymdeithasol iawn. Dydw i

ddim yn *raconteur*. Dydw i ddim yn mynd allan i chwilio am gynulleidfa. Pan o'n i'n tyfu i fyny, roedd y beirdd fel rhyw fath o sêr roc-a-rôl. Ffigyrau mawr, difyr. A dw i'n meddwl bod hynny wedi newid rŵan. Mae beirdd yn bethau lot mwy boring nag oedden nhw!

Tybed oedd wnelo'r Pla rywbeth â hynny? Mi aeth pawb i fyw i'w gragen, on' do, ac i'w fyd ei hun...
Do. A roeddwn i fy hun yn cael llawer o fudd o fyw efo'r teulu, yn rhoi'r plant o flaen mwy neu lai bob dim arall. Mae'n debyg bod hynny oherwydd nad ydi 'mywyd i'n gwneud synnwyr heb y syniad yna o olyniaeth. Hynny ydi, y cwbwl ydw i ydi'r person yn y canol, mewn ffordd. Pan wyt ti'n meddwl am goeden deulu, mae hi'r un siâp â chloc tywod, yn dydi? Mae gen ti'r holl ragflaenwyr, yr holl bobol rwyt ti yn eu llinach nhw, ac mi wyt tithau hefyd yn esgor ar olynwyr.

Gawn ni droi rŵan at y pryddestau — neu'r casgliadau... Beth ydyn nhw?
Wel, mi wna' i alw casgliad o gerddi ar gyfer y Goron yn 'bryddest'. Ac mae pobol yn gofyn imi 'Onid 'dilyniant' yn hytrach na 'chasgliad' sgwennaist ti?' Beth ydi'r gwahaniaeth o ddifri?

Wel, 'Tyfu' oedd y cynta'. Yn hwnnw rwyt ti'n cychwyn efo plentyn sy heb gael ei eni, a'r fam yn meddwl beth fydd ei ddyfodol o. Pa fath o fyd, pa fath o Gymru y bydd ei phlentyn yn cael ei eni ynddyn nhw. Thema debyg oedd gan Iwan Llwyd adeg ei goroni o ym mlwyddyn dy eni di! Oedd
cerddi 'Gwreichion' Iwan yn dy feddwl di wrth sgwennu 'Tyfu'?
Oedden. Yn enwedig wrth wneud y gerdd gynta', sy'n sôn am hyfforddi'r plentyn. Ac wrth gwrs, fy ffugenw i oedd *Golygfa 10*, sef cyfeiriad at y gerdd 'Golygfa 10' gan Iwan: 'Maddau'r cariad na roddais i ti, / a boreau barugog y swta ffarwél, / maddau'r gwin nad yfasom ni...'

A thrafod Cymru rwyt ti wedyn, sut Gymru sydd am fod, yn eitha' gwleidyddol ar dro.
Ie... Yn y blynyddoedd diwetha' 'ma, oherwydd fy ngwaith yng ngwasanaeth sifil Llywodraeth Cymru, dw i ddim yn cael mynegi barn yn wleidyddol na thrafod materion sydd yn ymwneud â phethau o ddiddordeb cyhoeddus. Ond dw i'n meddwl fy mod i wedi gwella'r ffordd dw i'n sgwennu oherwydd hynny; dw i'n gorfod canolbwyntio arnaf i fel unigolyn, y teimladau, y pethau sy'n gyffredin inni i gyd. Dw i'n meddwl bod hynny, yn fy achos i, beth bynnag, yn arwain at farddoniaeth well, a barddoniaeth fwy cymhleth hefyd, oherwydd nad ydw i'n gallu troi at ryw safbwynt parod.

Roedd 'Tyfu' yn weddol agored o ran lle'r oedd pethau'n digwydd, doedd? Cyfeirio at ddigwyddiadau a sefyllfaoedd roeddet ti. Yr ail gasgliad wedyn, 'Cilfachau', yn fwy penodol o ran y cefndir, sef dy gynefin di.
Ie, yn sicr. A'r syniad, efallai, wedi cychwyn efo sgwrs efo ffotograffydd, sef Dafydd Nant, oedd yn awyddus

i wneud cyfrol o luniau, cyfrol o gerddi lle'r oedden ni'n ymteb i waith ein gilydd, ac yn ymateb i'n cynefin ni, sef Llŷn, a'r arfordir yn benodol. Ond llwybrau eraill yn Llŷn hefyd. Ac ers hynny dw i ddim wedi sgwennu'r un gerdd nad ydi hi rywsut neu'i gilydd yn gysylltiedig efo tir a daear a môr.

Dyna oedd yr ysbrydoliaeth ar gyfer 'Cilfachau' felly?
Ie. Mi es i ati i sbïo ar y mapiau, sbïo o gwmpas arfordir Llŷn. Dewis a dethol llefydd fyddai'n ysgogi cerddi difyr. Ac roedd hynny'n digwydd mewn amryw o wahanol ffyrdd. Weithiau mae 'na hanes sy'n perthyn i'r lle. Weithiau rwyt ti'n ymateb i'r hyn weli di yn y lleoliad dan sylw, yn sgwennu disgrifiad bras ohono fo. Dro arall mae o jest yn rhywbeth i'w wneud efo'r lle, ac mae pwnc y gerdd i bob pwrpas yn rhywbeth hollol amherthnasol. Ond yn fy meddwl i, mae 'na ryw gysylltiad rhwng y llefydd.

Wel, rhyw hogyn go grwn, chydig yn swil, oeddat ti pan ddois i ar dy draws di gyntaf! Ac mi fuost ti ar lawer cyrch clera efo ni, on'd do, â het am dy ben? 'Â'i wên yn fwy na'i wyneb', meddai rhywun amdanat ti. A dw i'n cofio rhyw falchder tebyg i falchder athro barddol wrth dy weld di yn ddyn main gwyneb hebog yn codi yn Llanelli! Sut brofiad oedd hynny?
Wel, dw i'n cofio'r bore hwnnw yn iawn! Roeddwn i'n swp, swp sâl. 24 oed o'n i. O'n i'n trio barddoni ers degawd adeg hynny, ond wedi tyfu efo'r delfryd 'ma, seremonïau'r Orsedd, y Coroni a'r Cadeirio, fel rhyw

fath o binacl yn fy meddwl i o fywyd diwylliannol Cymru. Dw i'n cofio yn fyw iawn wylio Coroni Steddfod Colwyn, 1995. O'n i'n bump oed. Miwsig yr organ, a'r gynau gwynion yn mynd drwy'r Pafiliwn! Mae o i gyd yn fyw iawn yn fy nghof. Mae'n debyg imi fynd at yr Archdderwydd John Gwilym Jones yn nes ymlaen yr wythnos honno a dweud fy mod i wedi ei weld o ar y teledu!

Ie, y co' plentyn 'na o'r Orsedd. Wedyn dod i'ch nabod chi, a dod wedyn i wneud fy nghriw fy hun o ffrindiau, a drwy hyn i gyd ennill yn y Steddfod. Dyna ydi'r pinacl, dyna ydi'r nod mawr. Roedd hynny i gyd yn mynd drwy fy meddwl i. Roedd y gwaith ei hun hefyd, hynny ydi yr ymdrech. Pan dw i'n sbïo ar y cerddi rwan, dw i ddim yn cofio eu sgwennu nhw. Ond roedden nhw'n ganlyniad i nifer o flynyddoedd o syniadau yn magu. Mae 'na bethau o fy nghwrs Coleg yn y cerddi; hanesion o'n i wedi eu clywed o amryw o lefydd. Mi aethon nhw i gyd i mewn i'r cerddi yna, a dod allan wedyn yn bethau efo rhyw sbin gwahanol arnyn nhw, rhyw flas gwahanol arnyn nhw. A... Lle oeddwn i?

Ar fin sefyll yn Llanelli!
Ie! Clywed y feirniadaeth; wedyn y cyrn yn mynd; y golau'n chwilio amdanat ti. A phan wyt ti'n sefyll ar dy draed, rwyt ti'n disgwyl dy fod di'n mynd i gael dy drawsffurfio yn berson gwahanol. Ond dwyt ti ddim. Jest teimlo'r llawenydd mawr 'na o fod wedi llwyddo yn hollol ddi-enw ar delerau'r cerddi eu hunain i ddarbwyllo'r beirniaid dy fod di'n haeddu bod yn

Brifardd. Ond o'n i'n teimlo ar yr un pryd yn fychan iawn ac yn wan iawn, a'r seremoni fawr 'ma o 'nghwmpas i, yn cerdded lawr ac yn teimlo yn sigledig ofnadwy — rhyw deimlo yn annigonol mewn ffordd, a syweddoli wedyn mai'r cwbwl ydi o ydi gwaith caled — gwneud cerddi. Dydi mynd yn brifardd ddim yn golygu newid mewn unrhyw ffordd. Mae o jest yn rhan o ddatblygiad ac o weithio ar fod yn fardd.

A'r ail dro iti godi, roedd hynny'n bownd dduw o fod chydig bach yn wahanol, on' doedd?
Oedd! Roedd gen i ddau o blant, ac roedden nhw yn y Pafiliwn hefyd. Roedd yr ymdrech ymarferol o fod yn y Pafiliwn efo dau o blant yn tynnu oddi ar y seremoni ei hun — ddim yn ei gwneud hi'n llai arbennig, cofia. Ond o'n i'n methu mynd i mewn i'r Pafiliwn yn gynnar oherwydd rwyt ti'n methu cadw plant — roedden nhw tua thair a phedair oed — yn llonydd ac yn dawel drwy awr o gystadlu. Felly roedden ni'n gorfod ei gadael hi mor hwyr â phosib. Dw i'n meddwl ein bod ni yn gwrando arnat ti yn canu tu alan i stondin ar y Maes tua chwarter i bedwar! A threfnwyr y Steddfod yn ffonio wedyn yn dweud 'Pam wyt ti ddim yn y Pafiliwn?! Mae 'na bobol yn ciwio y tu allan, ac allwn ni ddim dy adael di i mewn o flaen y ciw! Mae'n rhaid iti fod i mewn *y munud yma!*' A wedyn, plant yn crio pan es i... Ond pan oedd y foment yn digwydd, y cyrn a'r organ a'r clogyn, o'n i'n gwybod yn well beth oedd y drefn am fod. Ond mae'r teimlad 'na, y teimlad o orfoledd o fod wedi llwyddo i ddarbwyllo'r beirniaid a hefyd y teimlad o fod yn fychan i gymharu â'r seremoni fawr.

Rwyt ti'n gweithio rŵan ar gyfrol at yr Eisteddfod, ac mae rhai o gerddi 'Cilfachau' ynddi. Parhau mae gwaith y goron honno felly.
Ie. Dw i'n meddwl bod hynny yn wir am 'Tyfu' hefyd. Dydi'r ffaith fy mod i wedi sgwennu 10 cerdd, a lot o'r rheini yn ymwneud â'r tir a newid hinsawdd a hanesion difyr o'r traddodiad, ddim yn golygu 'mod i'n rhoi'r gorau i sgwennu ar y pynciau yna, yn nag ydi? Yn yr un modd, dw i wedi ffeindio llwybrau yn Llŷn yn ffynhonnell ddihysbydd o ysbrydoliaeth. Does dim byd dw i eisio'i ddweud am fywyd dw i heb lwyddo i'w glymu mewn rhyw ffordd neu'i gilydd efo rhywle penodol yn y rhan fach yma o'r byd. Teitl y gyfrol ydi *Mae Bywyd Yma* ac mae 'na sawl ystyr i hynny. Mae'n golygu 'Mae fan hyn yn rhywle lle mae 'na fywyd sy'n fywiog, lle mae posib byw bywyd sy'n werth chweil. Ond mae o hefyd yn golygu bod holl fywyd pobol, bod holl bryderon a llawenydd y ddynoliaeth, yn cael eu profi yn yr ardal yma hefyd.

Mae o hefyd yn golygu 'Mae yma fywyd o hyd!' Hynny ydi, dydan ni ddim wedi marw eto!
Yndi!

ESYLLT MAELOR

Coron Ceredigion, 2022
am bryddest neu gasgliad o gerddi, 'Gwres'. (*Samiwel*)

*D*raw ym mhen pellaf lôn fach snêc o Forfa Nefyn i ganol y caeau, heibio i fynwent eglwys ddigon digalon, mae tŷ Esyllt Maelor, rhyw wên o hen dŷ hir yn olau i gyd, a Garn Fadryn i'w weld dros y caeau. Un diwrnod ym Mawrth 2015, daeth cnoc ar ddrws y tŷ a'r newydd bod ei mab, Dafydd, wedi ei daro gan gar ac wedi ei ladd.

Harlech oedd dechrau'r daith, yntê?
Wel, gweinidog oedd fy nhad, ac yn Harlech roedd ei ofalaeth gynta', a Llanfair a Thalsarna'. Roedd gen i hen nain yn byw yno hefyd, Gwen Owen. Mi gollodd hi ddau fab yn y Rhyfel Mawr, ac mi gollodd ei lleferydd ar gownt y peth. Mi ddaeth ei llais hi yn ei ôl, ond dw i wedi meddwl llaweroedd amdani hi oherwydd beth ddigwyddodd i mi.

I Abersoch i Wlad Llŷn wedyn...
Ie, un o genod yr Abar dw i! Roedd o'n bentre da, sti. Yn y gaea' roedd pobol yn effro yno. Roedd 'na steddfod; lot o weithgareddau efo'r Capel; cymdeithasau. Dw i'n cofio dosbarth nos yn neuadd y pentre, a Cynan yn ei gynnal o. Ond yn fwy na dim, ysgol bach Abersoch. Megan Thomas oedd y pennaeth, a hi oedd un o'r dylanwad mwya' arnaf i. Meddylia rŵan: mynd i'w dosbarth hi yn rhyw dair a hanner nes o'n i'n bump, neu'n codi am chwech. Dim ond hynny. Mae'n dychryn rhywun, y dylanwad fedar athrawes ei gael ar blentyn. Miss Thomas ddaru ennyn cariad ynof i at eiriau. A dynes o Lŷn oedd hi, o Lanengan.

Mae Cynan yn dweud am bobol Llŷn: 'Yn araf eu gwg ac yn araf eu gwên.' Mae pobol go iawn Llŷn yn ei dweud hi fel y mae hi. Dw i'n cofio pedair ohonon ni yn mynd i'r dosbarth nos hwnnw at Cynan, a Miss Thomas yno yn dweud: 'Reit, Cynan. Mae 'na blant bach yma eisio eich llofnod chi.' 'Ar y diwedd,' meddai Cynan.

'Naci! Rŵan!' meddai hithau. 'Maen nhw eisio mynd adra ac i'w gwlâu!' Roedd fy llyfr llofnodion i yn wag, ac mi lofnododd Cynan ar y dudalen ola'. Dyma fo, Cynan, yli... A sut oeddwn i'n gwybod am Cynan? Toedden ni wedi dysgu 'Does dim wna f'enaid blin yn iach / Fel dŵr o Ffynnon Felin Bach...'? Roedden ni'n gwybod lle'r oedd y ffynnon a phob dim. Miss Thomas, de!

Oedd 'na annog ar yr aelwyd hefyd?
O, mi ges i bob anogaeth. Merch y Mans oeddwn i, ac ym mhob Mans mae stydi, does? O'n i wrth fy modd yn stydi Dad, yli. Mae dipyn go lew o'r creiriau oedd yno gen i o hyd a dwi'n eu trysori nhw. O'n i'n eistedd ar fy mhen ôl o flaen y silff lyfrau ac yn darllen barddoniaeth. *Beirdd ein Canrif*, 1 a 2! O'n i wrth fy modd efo'r rheini. Wedyn roedd Dad yn mynd â ni i'r Steddfod. A wyddost ti'r llyfr llofnodion 'ma rŵan. Roedd hwn gen i, doedd, ar y Maes, ac roedd Dad yn dweud: 'Dos i ofyn i hwnna! A nacw!' A dyma nhw, yli: William Morris; Tilsli; J.O. Jones — a Dad wedi sgwennu "awdur 'Fuoch chi 'rioed yn morio?'" — W.D., y Bermo; D.J Williams; T.H.Parry Williams, B.T. Hopkins; Eigra; Islwyn Ffowc; Wil Sam — a Kate. Mi ges i a Gwawr fy chwaer fynd am de i dŷ Kate Roberts un tro. Mae'n rhaid bod Dad yn ein hannog ni, toedd, heb inni wybod, heb ymwthio... A dyna ti Megan Thomas, yli: 'I gofio am yr ysgol fach'...

Roeddet ti yn ddisgybl yn ysgol Botwnnog hefyd, doeddet? Ac mi est ti'n ôl yno yn bennaeth ar yr Adran Gymraeg. Mae hi'n rhyfeddol faint o feirdd ac awduron sydd wedi dod o'r ysgol honno!
Wel, mae gen i stori bach am ysgol Botwnnog iti. Mae 'na foi ffordd hyn o'r enw Gruffydd John Tacsis, ac mi fydda'i yn ei atgoffa fo o'r hanes yma bob tro y bydda'i'n ei weld o! Roedd Jâms Niclas a chriw yn dod o ochrau Bangor i arolygu ysgol Botwnnog. A dyma nhw yn dod i lawr drwy Lithfaen a mynd i Fryncynan, ac yn mynd i lawr wedyn am Geidio, ac yn stopio ar ochor y ffordd, a gweld dau yn disgwyl bỳs. Gruffydd John oedd un. Roedd o'n hogyn ysgol ar y pryd. 'Dan ni eisio mynd i Fotwnnog,' meddai'r Arolygwyr. 'Wel,' meddai'r hogyn ifanc 'ma, 'tasech chi'n mynd yn eich blaena' ffor'cw, mi welwch ffarm. Mae hi'n adfeilion llwyr, de, ond mae 'na fuarth reit daclus...' — yr holl iaith 'ma, yndê? — '...ac mi welwch chi docia' brwyn wedyn. Ewch chi yn eich blaena' ac wedyn trowch ar y chwith; rhyw hen gongol ddigon mila'n, cofiwch...' Ac ymlaen fel hyn. Fel'na mae o'n siarad heddiw o hyd; hen ŷd y wlad, de. 'A wyddoch chi be?' wedyn. 'Maen nhw'n deud i mi fod 'na ryw fardd yn byw yno ryw oes. Mae o wedi'i gladdu, wch chi, yn sawdl i clawdd...' Ac yn y blaen ac yn y blaen. Wel, 'Diolch!' meddai'r Arolygwyr. Cyrraedd yr ysgol wedyn, a Jâms Niclas yn dweud wrth y prifathro: 'Mr. Jones, 'dan ni'n mynd adra rŵan. Dan ni wedi gwneud ein harolwg ar y ffordd!' A fel 'na roedd y plant yn ysgol Botwnnog. Roedden ni'n sillafu ac yn treiglo efo'n clustia'; roedd yr iaith gynnon ni.

A beth am y barddoni bryd hynny? Mi enillaist ti gadair yr Urdd yn 1977, on' do? Y ferch gynta' erioed i wneud!

Wel, oeddwn, o'n i'n cystadlu mewn steddfodau. Mae'n bwysig iawn rhoi llwyfan i blant! Ac roeddwn i'n digwydd cystadlu am y gadair yn Steddfod yr Urdd yn y Barri. Dw i wedi meddwl llawer am hyn hefyd: roedd 'na hogyn yn yr un dosbarth â fi. Iwan Medi Roberts oedd ei enw o. Hogyn yr Efail yn Nanhoron. Hogyn galluog, hogyn annwyl, boneddigaidd, hyfryd. Ac mi aeth o'n wael a mynd i'r ysbyty. Roedden ni i gyd tua phymtheg oed ac yn naïf a di-ddallt. Ond roedd nafadwch mawr arno fo, doedd? Ac roedden ni'n mynd i'w weld o, a'r sgyrsia' roedden ni'n 'gael efo fo, mi effeithiodd y rheini arna'i'n fawr. Hogyn ifanc, yn gwarchod ei deulu. Mi fyddai'n dweud pethau fel 'Gollyngwch y rhaffau', de. Roedd o'n gwybod ei fod o am fynd, doedd? Ac roedden ni'n cwyno'i bod hi'n boeth — Haf 76 oedd hi — a'n bod ni ddim isio adolygu. 'Gwnewch!' meddai fo. 'Gweithiwch!' Ac ymhen chydig wedyn roedd o wedi marw. Wedyn mi sgwennais i amdano ac mi enillais gadair yr Urdd, yli. Rhyfedd i'r un peth ddigwydd wedyn, yndê... Ond ar ôl hynny wedyn, es i ddysgu a magu teulu; doedd gen i ddim amser i sgwennu. Y peth pwysica' oedd morol bod disgyblion ysgol yn cael gwneud — y nhw oedd yn dod gynta'.

Ond mi ddaeth adeg wedyn pan oeddet ti'n gorfod sgwennu...

Do. Dw i'n meddwl ei fod o'n rhan o 'nghwnsela i. Achos ches i ddim cwnsela o gwbwl. Mae'n debyg fy mod i'n ei gael o drwy sgwennu fy hun. O'n i'n siarad efo ffrindiau ac o'n i'n rhannu ambell gerdd efo nhw, ffrindiau agos, de. Roeddwn i'n cadw math o lyfr cofnodion. Nid dyddiadur ond dyddlyfr. Roeddwn i'n gwneud hynny efo'r plant yn yr ysgol. Roedd o'n gyfle iddyn nhw sgwennu'n rhydd, cyfle i rannu, heb fod neb yn marcio'u gwaith — neu mae'r gwaith yn gallu bod fel llawr lladd-dy, yn tydi?! Ac mi es i nôl i sgwennu fel'na fy hun.

A dyna Eisteddfod y Fenni yn dod yn 2016...

Ie... Roedd Marged y ferch wedi dweud wrtha'i ei bod hi'n cystadlu ac roedd hi'n dangos y cerddi imi — y rheini aeth i'w chyfrol hi, *Mynd*. Ond wnes i ddim dweud wrthi hi fy mod i yn cystadlu. Ac roedd y ddwy ohonon i'n agos! Dyna sioc pan ges i'r feirniadaeth! Ond blwyddyn oedd wedi bod ers colli Dafydd. Roedd o'n rhy agos, yn doedd? Maen nhw'n dweud bod rhaid i rywun beidio â sgwennu nes ei fod o'n teimlo'n oer fel iâ. Cadw'r pellter celfyddydol. Hwyrach bod hynny'n wir, ond rwyt ti'n colli rhywbeth hefyd wrth beidio.

Roedd pethau'n wahanol felly erbyn Eisteddfod Tregaron?

Wel, roedd 'na amser wedi mynd heibio, yn doedd? Roeddwn i'n dal i gadw'r dyddlyfr, ac yn sgwennu rhyw gerddi bach fel'na, ac mi benderfynais gystadlu eto.

Ond wnes i erioed feddwl y basai dim byd yn digwydd. Go iawn rŵan! Eisio ymateb o'n i — i grefft y cerddi yn un peth, ond hefyd i'r hyn o'n i'n trio'i ddweud. Pan ffoniodd Elen y Steddfod i ddweud wrtha'i fy mod i wedi ennill, doedd hi erioed wedi clywed ymateb yr un fath! Fel arfer bydd yr enillydd yn gwirioni ac yn mynd i agor potel. Ond 'Argol! Dw i'n mynd i 'ngwely,' meddwn i wrthi. 'Rhoi 'mhen o dan y dillad...' Do'n i ddim yn ei choelio hi yn un peth. Ac wedyn o'n i'n sylweddoli bod rhaid imi drio egluro pob dim rŵan. Nid yn unig am y golled, ond yr hyn ddigwyddodd imi wedyn. O'n i ofn y basai pobol yn meddwl fy mod i wedi ei cholli hi yn llwyr. Mi es i'n sâl wrth feddwl am sut o'n i am esbonio'r cerddi yn Nhregaron.

Wel, yn y nodyn bywgraffyddol yn y *Cyfansoddiadau*, mae hyn: 'Mae gan Esyllt a'i gŵr, Gareth, dri o blant — Dafydd, Rhys a Marged...', fel petai Dafydd yn dal efo chi. Ac wedyn: 'Y mae ôl Dafydd, ei mab ar y cerddi hyn — ef yn y bôn fu yno'n gefn iddi ac ef a'i gyrrodd i sgwennu.'
Dw i'n methu dweud 'marw', achos dydi o ddim wedi marw! Mae 'marw' yn air hyll, yn tydi? Yn derfynol. A rhywsut tydi petha ddim yn derfynol a tydi Dafydd ddim wedi mynd chwaith... Dw i wedi teimlo 'Nhad o 'nghwmpas i a Dafydd. A'r geiriau dwi'n eu clywed o hyd ydi 'Mae bob dim yn iawn.' Wythnos cyn y ddamwain, o'n i'n teimlo 'Nhad efo fi eto. O'n i'n gwybod bod rhywbeth am ddigwydd. Pan glywais i'r gnoc ar y drws, o'n i'n gwybod, sti. Ac yng nghanol y boen fwya' un, mi glywais y geiriau 'Mae pob dim yn iawn.' Dyna'r cwbwl. 'Mae pob dim yn iawn.' Dad oedd o. Ac wedi hynny, dw i wedi clywed Dafydd yn dweud: 'Mae pob dim yn iawn, Mam.' Dw i'n clywed lleisiau erioed. A dyna un rheswm pam dewisais i'r enw Samiwel, yli. Roedd o'n clywed lleisiau...

A dyna'r 'Gwres' yn y cerddi?
Ie, dyna o'n i'n trio'i gyfleu. Dydi'r cerddi ddim yn 'grefyddol', achos dw i ddim yn hoffi'r gair 'crefydd'. Mae o'n gwahanu pobol ac yn codi waliau. Ond roeddwn i eisio dangos bod 'na rywbeth y tu draw i hyn i gyd. Dyna'r gerdd ola', 'Yr Eiliad'; mi wnes i honna mewn deg munud, a meddwl, wel, mae hon yn giami, yn tydi? Ond mi gafodd hi fynd i mewn, achos oedd hi'n ben set ac o'n i isio dal y post. Mi fyddai'n meddwl weithiau ai fi oedd piau'r geiriau ynte rhywun arall? Dad? Dafydd? Rhywun arall? Pwy ddwedodd 'Rhanna hyn cyn iddi fynd yn rhy hwyr'?

ALAN LLWYD

Cadair Dyffryn Clwyd, 1973
am awdl ar y mesurau traddodiadol neu gymhwysiad ohonynt. 'Agored'. (*Llef yn Erbyn y Llif*)

Coron Dyffryn Clwyd, 1973
am bryddest, 'Y Dref'. (*Gwaedd yn Erbyn y Gwyll*)

Cadair Aberteifi a'r Cylch, 1976
am awdl, 'Gwanwyn'. (*Y Tyst o'r Tir*)

Coron Aberteifi a'r Cylch, 1976
am ddilyniant o dua 50 o Benillion Telyn, 'Troeon Bywyd'. (*Y Prawf o'r Pridd*)

'Gymeri di fisgeden?' meddai Alan Llwyd gan estyn platiad anferth o fisgedi o bob lliw a llun. 'Eistedd!' Mae digon o le i eistedd yn y stydi yn Nhreforys. Heblaw cadeiriau Cenedlaethol Rhuthun ac Aberteifi, enillodd Alan gadair yr Eisteddfod Ryng-golegol bedair gwaith a chadair Eisteddfod Pontrhydfendigaid ddwywaith. Enillodd goronau Rhuthun ac Aberteifi hefyd, wrth gwrs. Y fo oedd yr ail fardd ar ôl T. H. Parry-Williams i gyflawni'r gamp 'ddwbwl-dwbwl'. Mae'r coronau yn sgleinio yng nghanol llond emporiwm o wobrau o bob math, a lluniau o'r Prifardd ac o Janice, ei chwedl o wraig hardd...

Gawn ni gychwyn yng Nghilan dy blentyndod? Mi fues i'n siarad yn ddiweddar 'ma efo rhywun o'r cylch oedd yn dweud fel hyn am y 'Cilandars': 'Maen nhw'n gallu ei deud hi a siarad yn blaen a phechu pobol weithiau wrth wneud, heb yn wybod iddyn nhw, efallai. Maen nhw'n siarad â'u llafariaid yn gorad a chalad hefyd, felly mae nhw'n gallu dod drosodd yn bowld. Pobol wedi cael bywyd calad ers talwm, yn byw ar dyddynnod, ac Abersoch fel gwlad arall iddyn nhw...'
Wn i ddim am y Cilandars! Term newydd i mi! Doeddwn i ddim yn Gilandar pur beth bynnag, gan mai symud o

Feirionnydd i Gilan wnes i. Pobol o Feirionnydd oedd fy rhieni. Ond efallai fy mod i wedi mabwysiadu rhai o nodweddion y Cilandars!

Ond Cilan, roedd o'n lle diarffordd iawn ar un ystyr. Mi gefais fy magu ar fferm Nant-y-Big, 'Nampig' ar lafar pobol Llŷn. Roedd hi reit wrth ymyl y môr; dau gae ac roeddwn i ar draeth Porth Ceiriad. Roeddwn i wrth fy modd yn y gaea' yn cerdded, a neb ond y fi ar y traeth. Roeddwn i'n gweiddi fy llinellau at y gwylanod — nid bod y rheini'n gwerthfawrogi rhyw lawer! Roedd hi'n braf clywed rhythm y môr, a hel broc môr a mynd â fo nôl i'r fferm. Rownd un trwyn, roedd Porth Neigwl, a rownd y trwyn arall roedd Abersoch.

Rwyt ti'n sôn yn un o'r pryddestau am 'hen werinwyr hanner uniaith' Penllyn lle aethost ti fyw wedyn. Nid *hanner* uniaith oeddech chi ym Mhen Llŷn...
Nage! Un iaith oedd yn y gaea' ym Mhen Llŷn, ar wahân i Abersoch. Roedd fy magwraeth efo 'nhaid a'm nain yn Llan Ffestiniog i bob pwrpas yn uniaith Gymraeg. Roedd pawb yn ysgol Botwnnog wedyn yn siarad Cymraeg — a'n haddysg ni, mwya' cywilydd, drwy gyfrwng y Saesneg! Ond efo plant bach o Saeson y dysgais i Saesneg, nid yn yr ysgol. Achos roeddwn i'n chwarae efo nhw drwy'r haf, ac rwy'n dal i gofio un peth: roedd 'na lot o blu gŵydd a phlu ieir hyd y lle ar y fferm, a'r plant yn eu hel nhw. Ac roeddwn i yn dysgu'r wyddor Saesneg mewn rhyw lyfr. 'Quill' oedd y gair i ddysgu'r llythyren 'q' ac roedd llun pluen. 'How many *quills* do you want?' meddwn i wrth y plant. Saith oed oeddwn i. Does gen i ddim co' o siarad Saesneg cyn hynny.

Beth am y barddoni?
Roeddwn i'n sgwennu barddoniaeth i 'nhaid yn saith oed, ac roedd o'n rhoi hwb imi. Wedyn, pan oeddwn i tua deg oed, mi gefais afael ar un o'i lyfrau o, *Prif-feirdd Eifionydd*, ac yn hwnnw roedd esboniad am y cynganeddion. Rŵan, roedd rhai Saeson yn y dyddiau hynny yn gallu bod yn haerllug iawn, rhyw griwiach ifanc yn eu ceir crand yn mynd am y traeth, yn ein galw ni yn 'Welsh peasants' a phob dim. A dyma fi'n meddwl: 'Arhoswch funud! Pam mae'n hiaith ni'n cael ei thrin fel hyn, yn yr ysgol a phob man, a phawb eisio dysgu Saesneg i ddod ymlaen yn y byd, a chrefft mor rhyfeddol o wareiddiedig a chain fel hyn gynnon ni? Mi wnaeth hynny fy mwrw i! A beth oedd yn od oedd fy mod i'n deall yn union syth beth oedd cynghanedd.

Amdani wedyn!
Wel, wnes i ddim dechrau cynganeddu yn syth, chwaith. Pêl-droed a chanu pop oedd fy mhethau i! Wedyn tua'r tair ar ddeg oed 'ma, dyna ddechrau sgwennu englynion. Sgwennu'n gyson wedi hynny. Ac mi ddois i'n ffrindiau efo beirdd Mynytho. Roeddwn i'n cerdded draw i'w tŷ i sgwrsio ac fe aethon ni i Eisteddfod chwedlonol Pontrhydfendigaid gyda'n gilydd i gymryd rhan yn yr ymryson. Wedyn, am fy mod i'n cynganeddu, y fi a rhai eraill yn ysgol Botwnnog, dyma fynd ati i greu rhyw gemau cynganeddol yn y dosbarth. Agor y *Geiriadur Mawr* ar hap; taro bys ar air; am y cynta' i wneud englyn wedyn! Roedden ni'n cael hwyl arni. Ac roedden ni'n astudio gwaith y Cywyddwyr...

Ydyn nhw'n rhy anodd i blant heddiw, tybed, yn rhy ddiarffordd? Dyna gywydd Iolo Goch i Sycharth, er enghraifft. 'Addewais it hyn ddwywaith, addewid teg, addaw taith...' Rwy'n cofio gofyn i'r athro oedd Iolo Goch yn nabod Owain Glyndŵr? 'Wel, oedd, debyg iawn!' meddai fyntau. 'Roedd o'n fardd iddo!' Roedd o'n nabod y teulu — 'A'i blant a ddeuant bob ddau, nythaid teg o benaethau' ac yn y blaen— ac roeddwn i'n gweld hynny'n rhyfeddol; dyma gywydd gan ddyn oedd yn *nabod Owain Glyn Dŵr*! Roedd o'n fwy na llenyddiaeth; roedd o'n hanes. Ac roedd aelod arall o staff yr ysgol yn dipyn o eilun imi. Roedd hwn wedi ennill ar yr englyn yn Eisteddfod Genedlaethol y Rhyl ym 1953. Un arall wedyn wedi ennill ar y cywydd sawl tro. Ac ym 1965, mi es i'n aelod o dîm ymryson Mynytho...

Roeddet ti wedi cystadlu dipyn cyn Eisteddfod Rhuthun ym 1973, felly.
O, bobol bach, oeddwn! Roeddwn i'n cystadlu ar yr englyn mewn eisteddfodau lleol, ac yn ennill yn aml hefyd. Mi ddois i'n gydradd gynta' yn ifanc iawn yn Eisteddfod Mynytho, ac mi es i'n reit swil at yr englynwr arall — crydd oedd o, os ydw i'n cofio'n iawn. 'Mi ddaethoch chi'n gydradd gynta' efo fi,' meddwn i fel'na. 'Aros di, 'ngwash-i!' meddai fyntau. 'Onid *ti* ddaeth yn gydradd gynta' efo *fi*?' Cystadlu ym Mhontrhydfendigaid wedyn. Mi ges i'r gadair a'r goron yn fan'no ym 1968 yn 21 oed...

Ymhen cwta bum mlynedd, roeddet ti'n ennill y 'dwbwl-dwbwl' yn y Genedlaethol hefyd!
Oeddwn! Yn un o garafannau fy rhieni, ar fy mhen fy hun er mwyn cael llonydd, y gwnes i'r bryddest. Ond doeddwn i ddim wedi bwriadu cystadlu am y gadair o gwbwl. Awdl unnos oedd honno! Mi fues i'n chwysu tan y funud ola' wrth ben cerdd y Goron, mewn *vers libre* cynganeddol llawn, i gael honno'n iawn. Wedyn am hanner nos, mi rois i'r gorau iddi... Ac yn sydyn iawn, dyma linellau a chwpledi ac englynion yn dod, ac erbyn wyth y bore roedd gen i awdl gyfan. Mi aeth fy nhad â fi i'r Swyddfa Bost ym Mwlchtocyn ar unwaith i bostio'r bryddest a'r awdl gan obeithio y bydden nhw'n cyrraedd yr Eisteddfod y diwrnod wedyn, sef y dyddiad cau!

Sut brofiad oedd cael dy gadeirio a dy goroni o fewn wythnos *ddwywaith*?
Wel, roeddwn i'n ifanc ac roeddwn i'n nerfus iawn, yn gorfod mynd o flaen torf ddwywaith. Ac mae'n anodd credu erbyn heddiw, ond roeddwn i'n swil ryfeddol ac yn fewnblyg ryfeddol, ac roedd 'na chydig bach o artaith i mi a dweud y gwir. Difetha'r peth i mi fy hun wnes i, braidd. Y tro cynta' achos roeddwn i mor nerfus. Dim ond eisio i'r peth ddigwydd a darfod roeddwn i. Erbyn hyn dw i'n malio'r un dam am ddim byd! Ond roedd o'n brofiad gwefreiddiol, wrth gwrs. O'n i'n brysur ryfeddol yn sgil y peth. Adeg Aberteifi wedyn, roedd hi chydig yn wahanol. Doeddwn i ddim o ddifri eisio cael y gadair. Heb fod eisio swnio'n ymffrostgar, roedd dyfodol cyfan o 'mlaen, on'd oedd, i ennill y

gadair eto heb y mistimanars yna! Ei derbyn hi er mwyn yr Eisteddfod wnes i, nid er fy mwyn i fy hun. Ond mae hi'n andros o gyffyrddus!

Erbyn Eisteddfod Rhuthun roeddet ti'n byw ym Mhenllyn ac yn rhedeg siop lyfrau Awen Meirion yn y Bala. Ydi'r chwedl ddifyr am fyseidiau o Americanwyr yn dod i'r Bala dan holi 'WHERE IS THE BARD?' yn wir?
Wel, roedd pobol yn heidio i'r siop am wythnosau ar ôl buddugoliaethau Rhuthun. Does gen i ddim cof am fyseidiau o Americaniaid yn dod, ond dw i'n cofio byseidiau o hen wragedd â ffyn cerdded yn cyrraedd y stryd. Roedd y siop yn orlawn ar adegau, a neb yn prynu. Un tro mi ddaeth hen wreigen ataf i. 'Mae'n ddrwg gen i fod mor hy â thorri gair efo chi fel hyn,' meddai, 'ond rwy'n credu fod gen i fwy o hawl na neb i wneud hynny. Fi oedd cariad Hedd Wyn!' Jini Owen oedd hi, ac mi fyddwn i wedi hoffi cael sgwrs iawn â hi, ond mi ddaeth hi yno yn ystod oriau gwaith, a mynd wedyn...

Wel, dyna ddiwedd ar gystadlu am goron a chadair y Genedlaethol wedyn, yntê, oherwydd y Rheol Ddwywaith?
Ie, ond doeddwn i ddim yn barod i orffen! Mi driais i ar yr englyn wedyn yn Wrecsam yn 1977. 'Taid' oedd y testun, ac mi enillodd fy englynion i — un, dau, tri. Doedd gan y beirniad, Mathonwy Hughes, ddim gwrthwynebiad i'r tri gael eu cyhoeddi efo'i gilydd. Roeddwn i'n hapus wedyn!

Ydi Meilyr Emrys Owen erioed wedi meddwl cystadlu am y Goron?
Mae Meilyr Emrys Owen wedi marw, wyddost ti... Bisgeden?